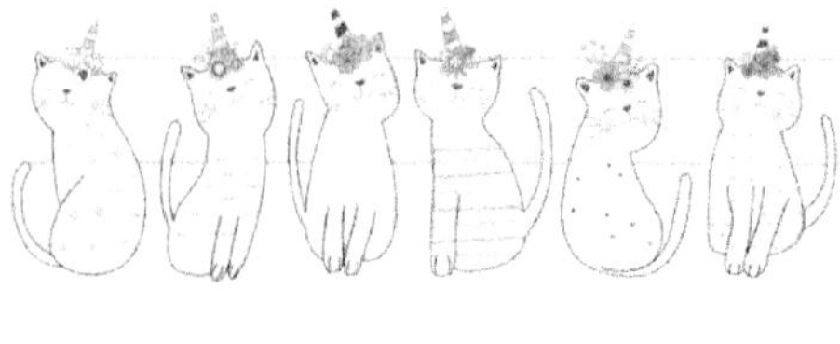

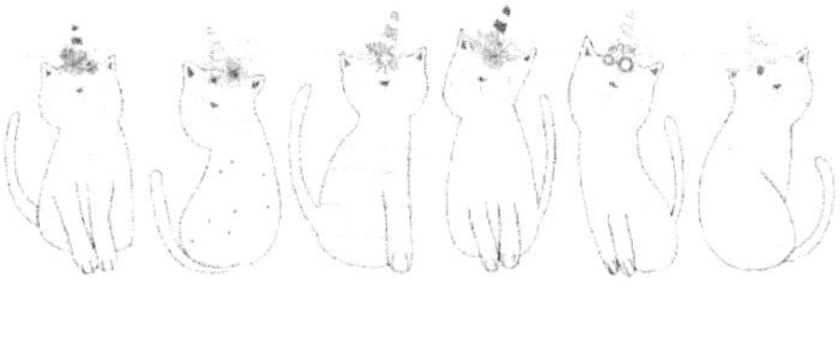

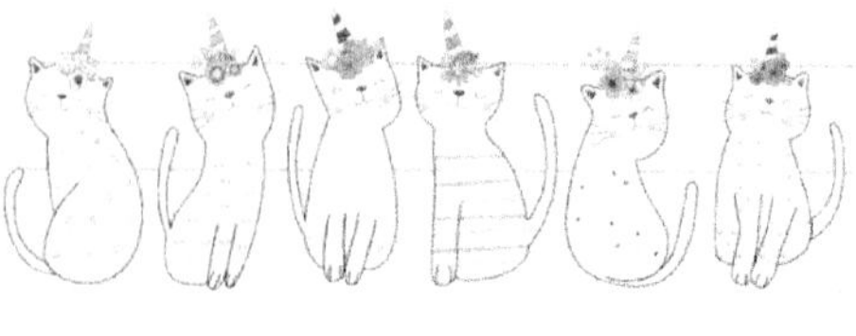

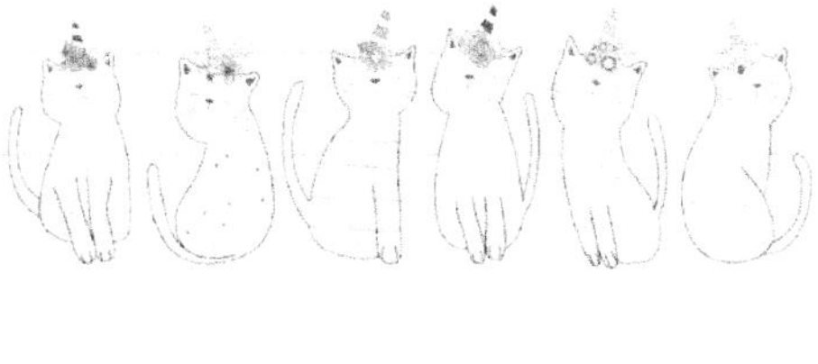

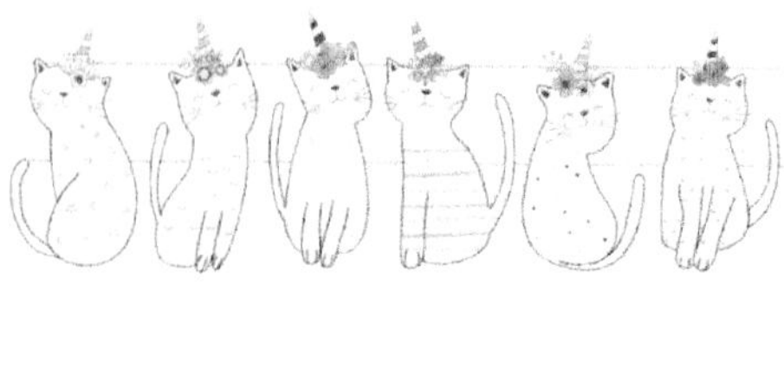

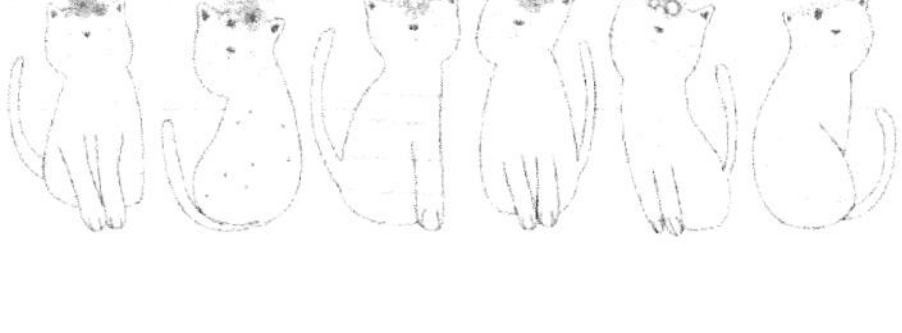

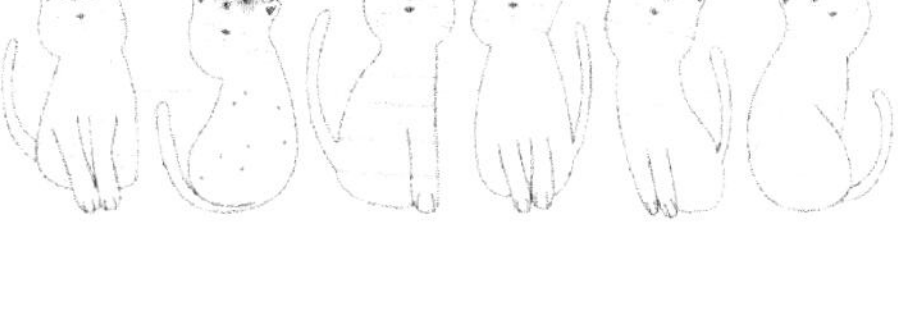

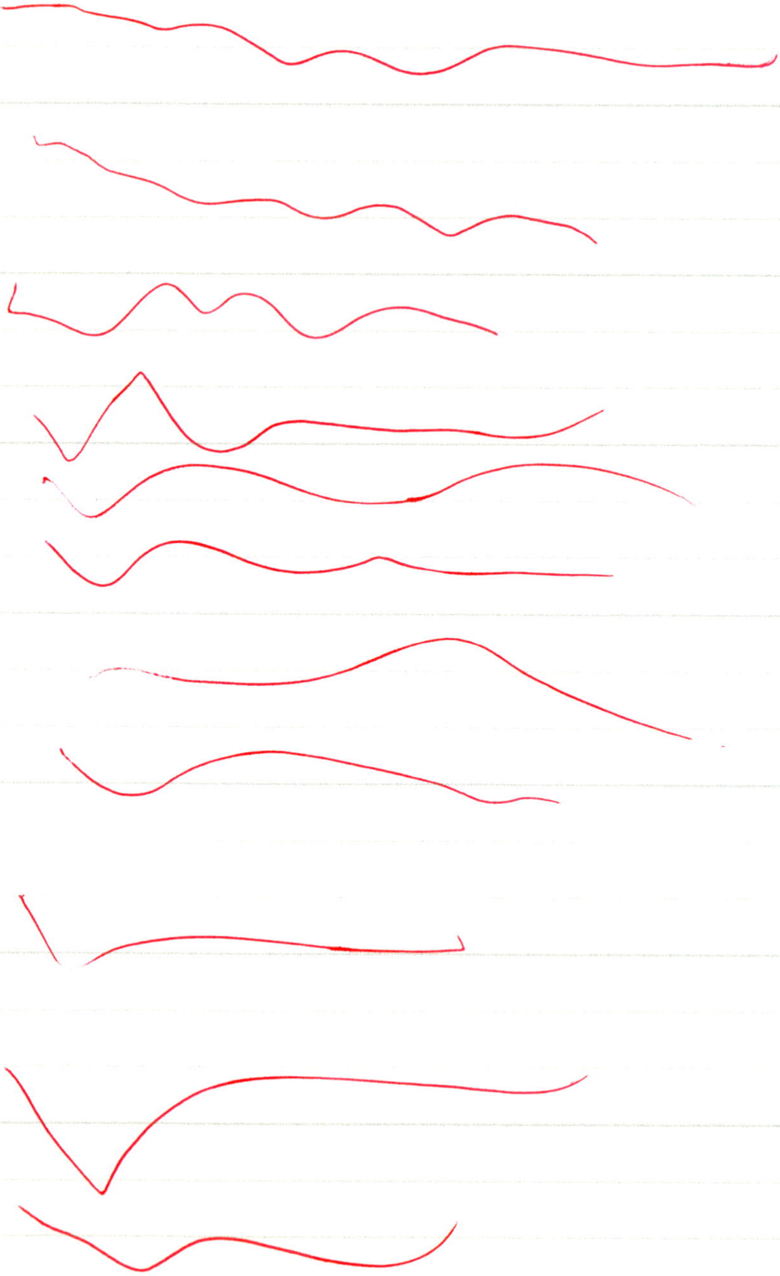

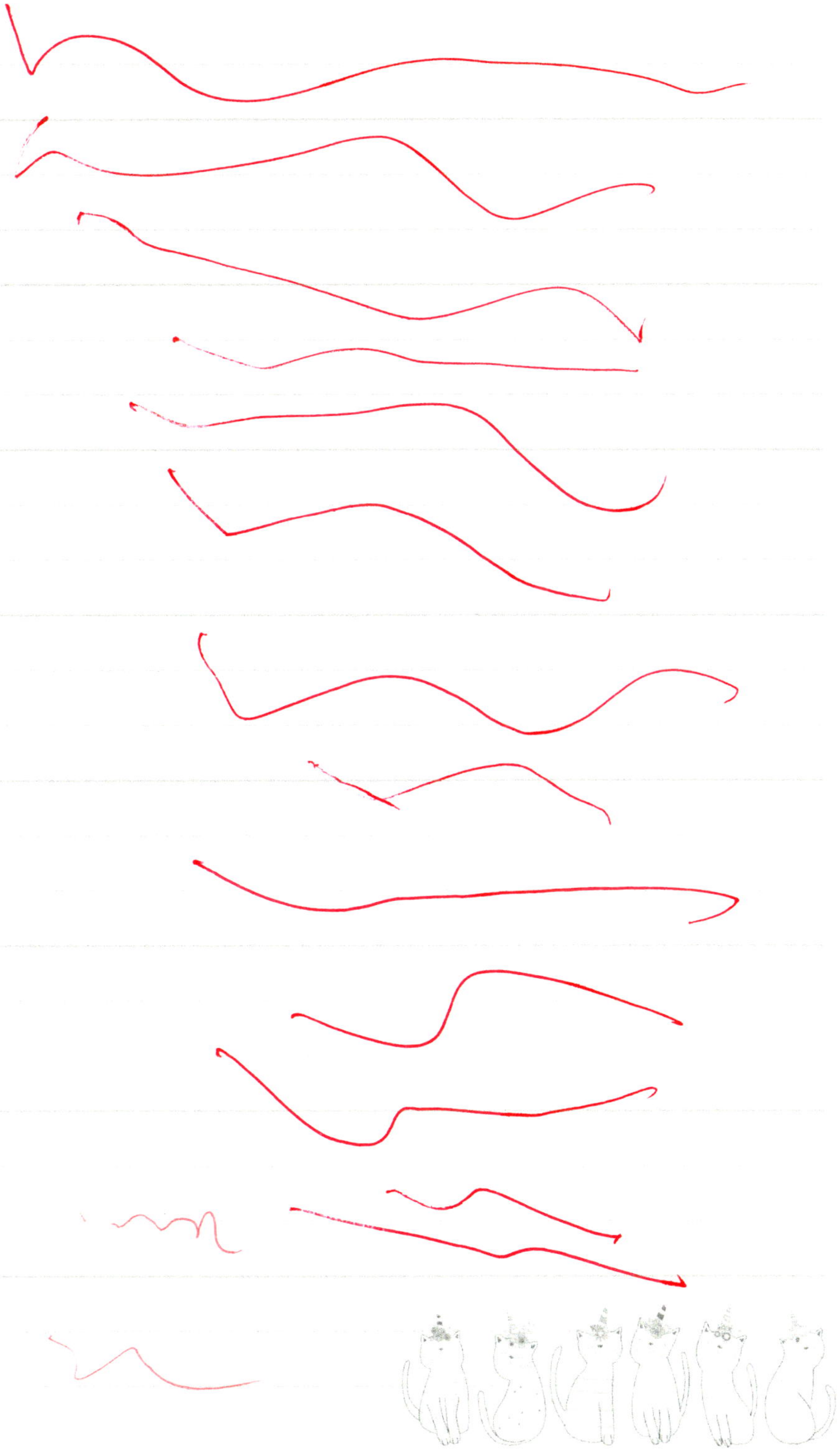

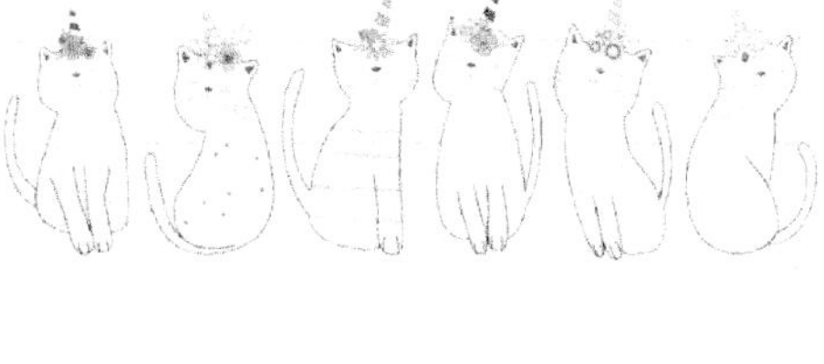

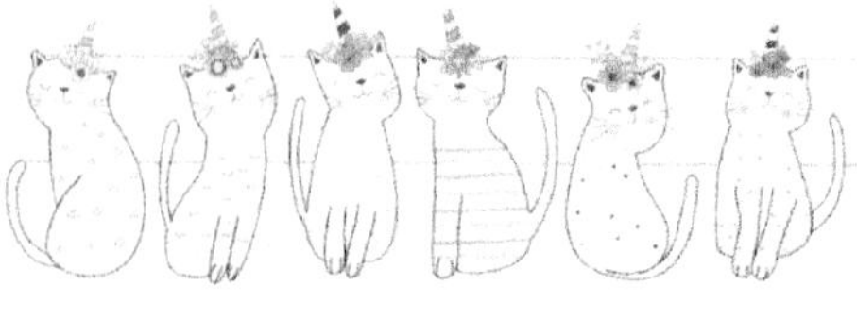

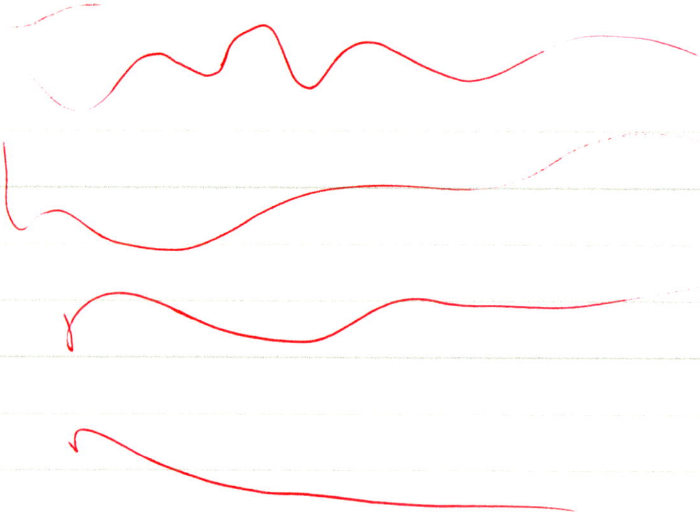

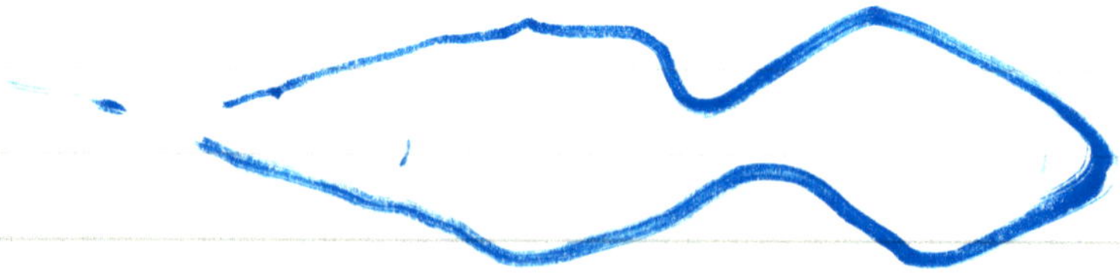

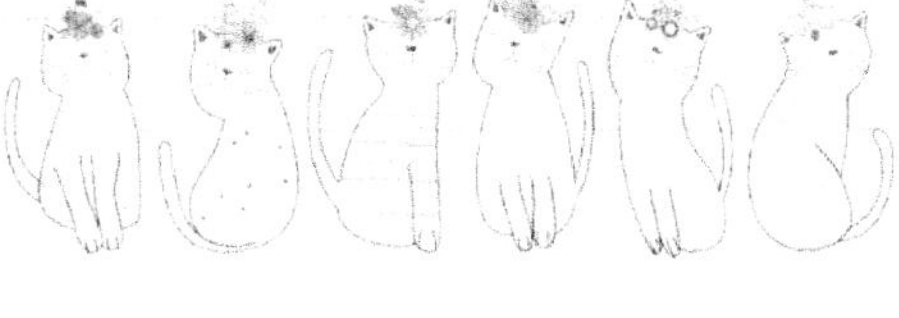

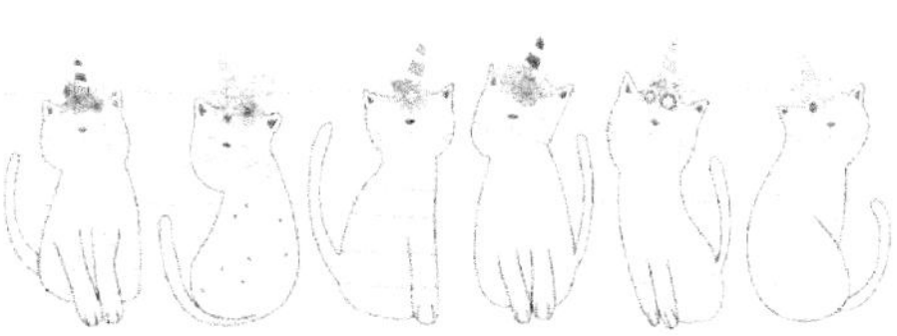

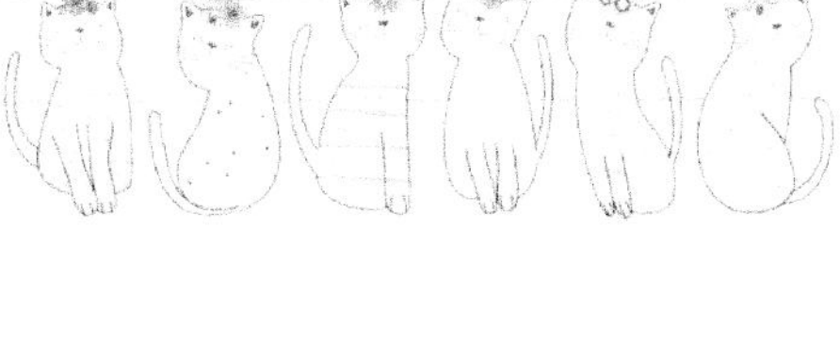

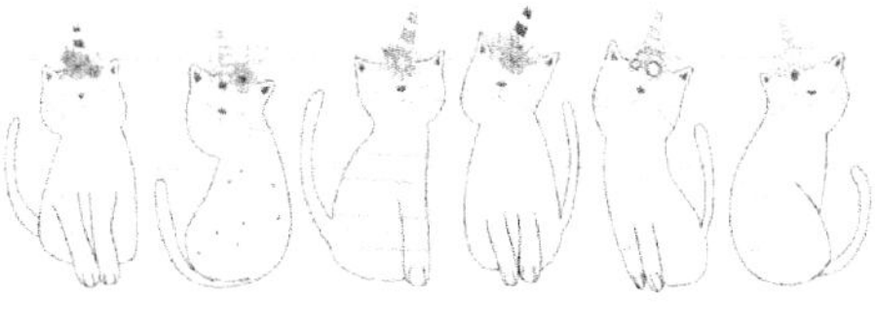

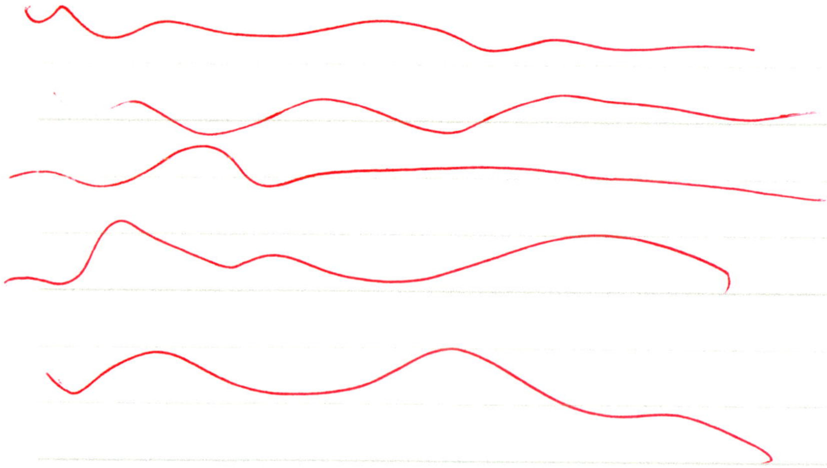

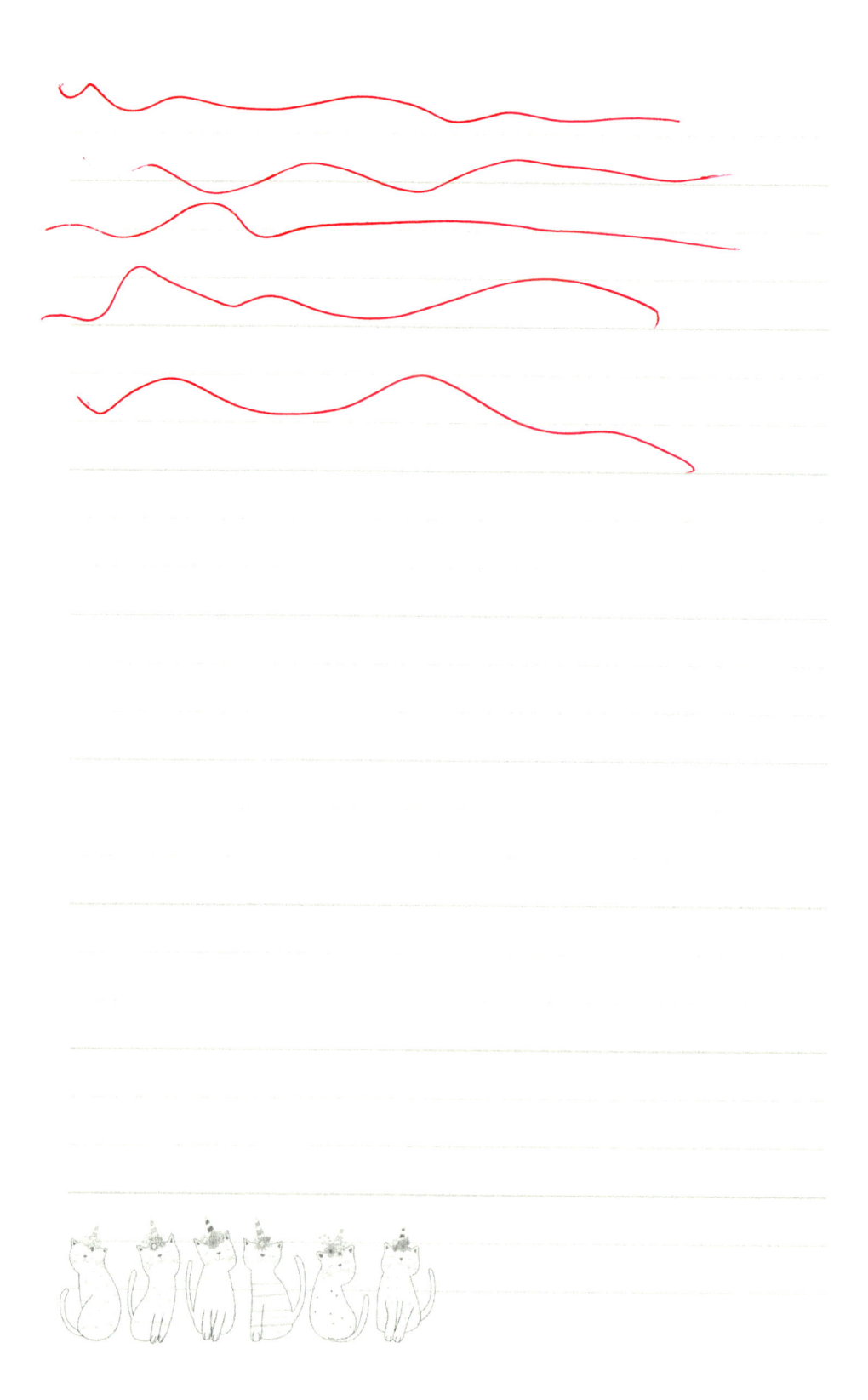

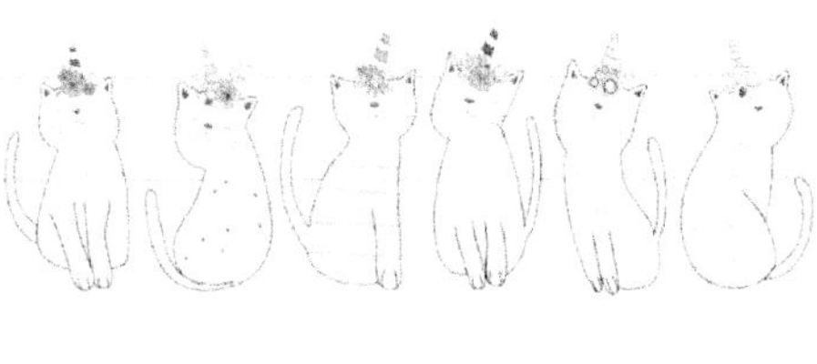

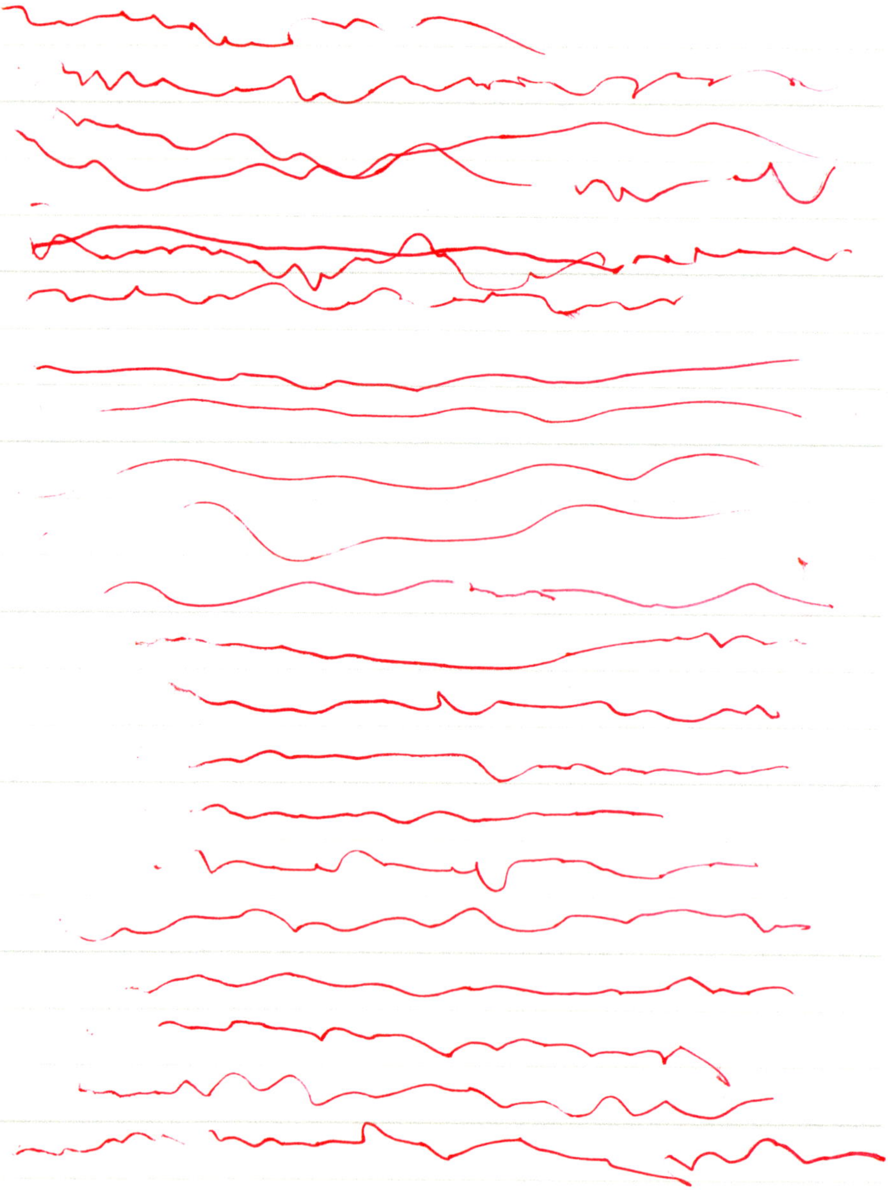

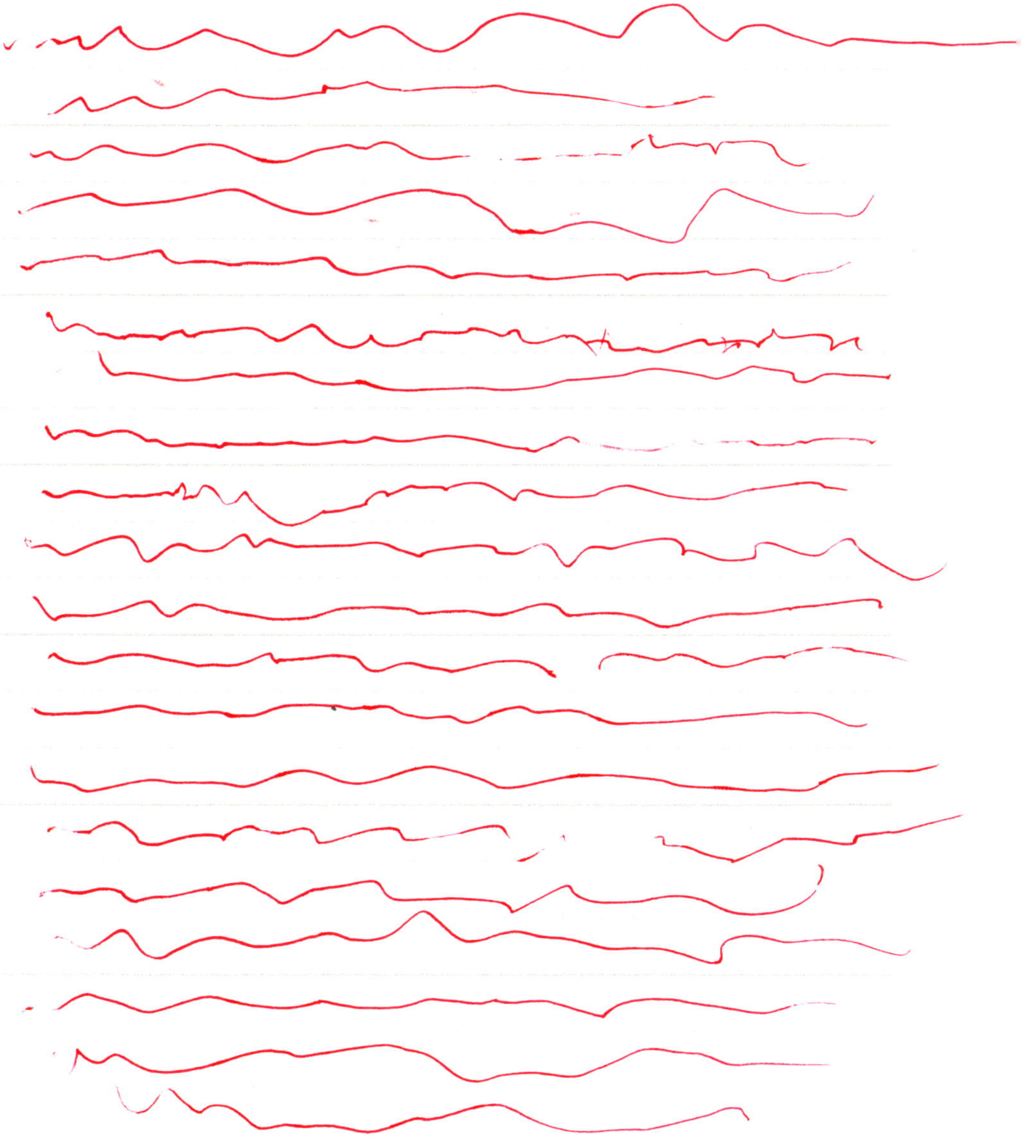

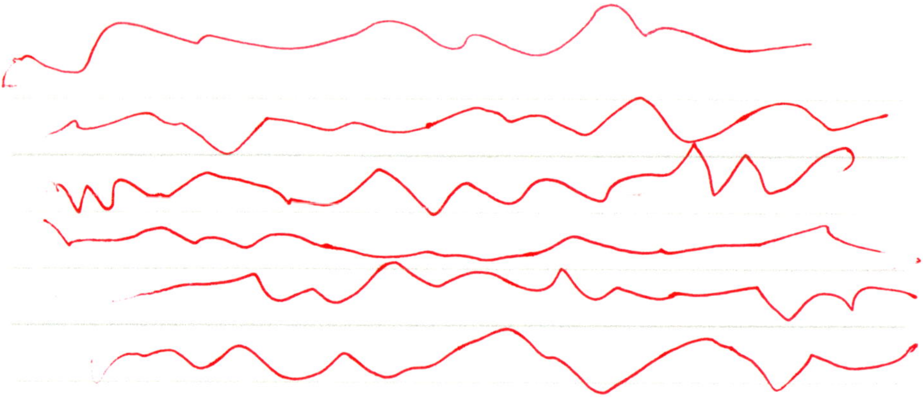

1 I Love Ca I

2 soso much

3 munch.

lines

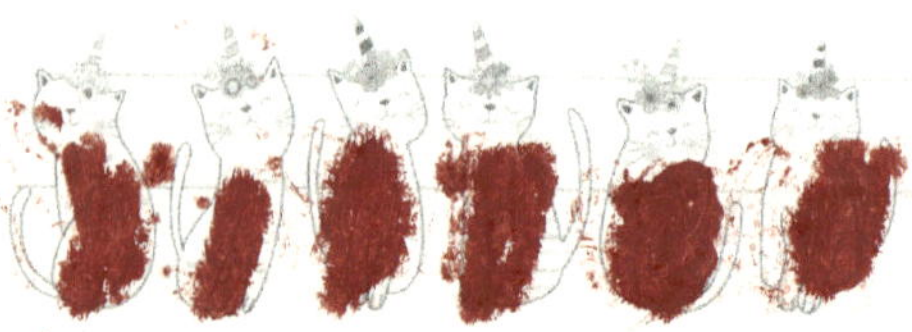

I Lovt Casy soo very muho lines.

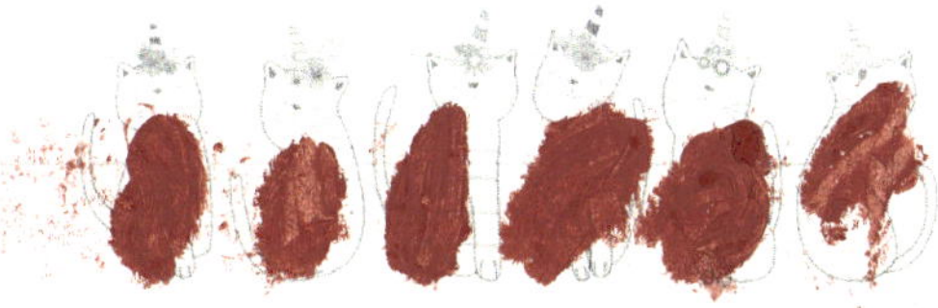

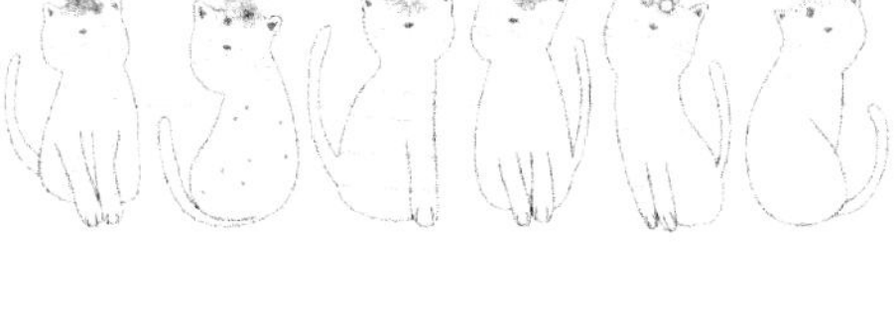

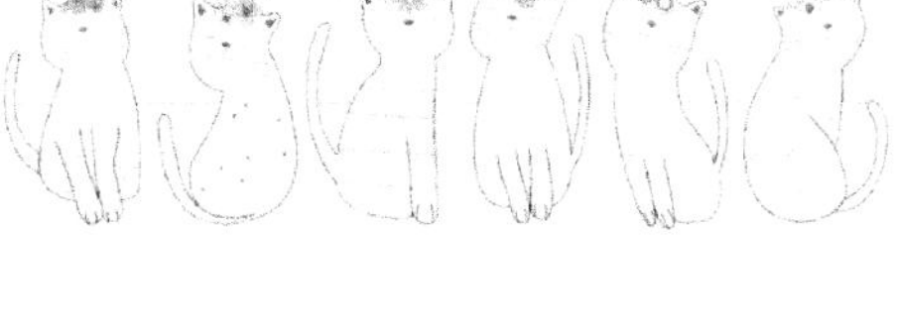

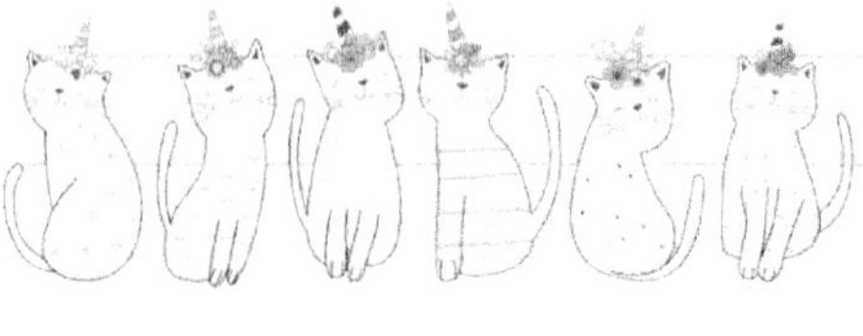

Made in the USA
Monee, IL
16 November 2020

47977218R00073